Considérations

SUR LA

Révolution Russe

PAR XX.

PARIS
IMPRIMERIE GEORGES CADET
7. Rue Cadet (9ᵉ)

—

1918

L'idole brisée — reste dieu quand même.
L'autel détruit — demeure toujours autel.
Pouchkine.

Les épisodes du Grand Drame qui se déroule à l'heure actuelle en Russie restent incompréhensibles dans leur ensemble, non seulement pour la plupart des spectateurs mondiaux, mais même pour l'immense majorité des Russes qui y prennent part. Seuls les Allemands, qui se trouvent aux premières loges, y voient plus clair que les autres, tout incommodés qu'ils sont parfois par la chaleur trop intense et la fumée opaque qui se dégagent de la scène. Munis toutefois d'appareils d'extinction puissants contre les flammes qui peuvent les atteindre, ils ne se lassent point de donner toute leur attention au spectacle qui se réalise devant eux, en attendant avec impatience le dernier acte et l'apothéose. Dans leur espoir, ce tableau devra représenter la remise de la couronne à un jeune prince russe par les Grands Potentats des Empires du Centre, au milieu des chants d'allégresse et de la joie populaire, soulevée par cet événement. Mais nous ne sommes point encore à l'apothéose, quoique le spectacle touche à sa fin...

Le cinquième acte de la tragédie est poignant. Voici le défilé des grandes misères, des souffrances et des passions humaines parmi les décombres des palais, des musées, des églises incendiés et pillés. A travers les clameurs du peuple en courroux, intoxiqué par l'eau-de-vie et les sophismes démagogiques, on entend les paroles des grands et des petits prophètes de la religion extrémiste, prêchant le redressement des torts et des abus du passé, le nivellement des classes, la souveraineté des prolétaires, l'anéantissement des richesses, la paix universelle sans annexions ni contributions, le droit pour les peuples de disposer librement d'eux-mêmes, etc., etc... Quels sont ces gens-là, inconnus hier, prophètes et dirigeants aujourd'hui, qui, tout gouvernants qu'ils sont, persistent à cacher sous des pseudonymes leurs noms et leur personnalité ?

Quelles sont les conditions spéciales, quelle est l'ambiance qui favorisèrent l'avènement au pouvoir du parti et du gouvernement bolchevik ? D'où vient le prestige dont il jouit auprès des masses populaires ?

Quelle est la composition de ce gouvernement et des soviets dont il émane, quels sont ses fidèles, ses alliés, ses amis ?

Quels enfin sont sa politique, ses desseins, ses buts ?

Voilà des questions complexes, dont la solution trop improvisée a déjà causé certaines déceptions. Exemple : la question de l'Ukraine. On avait pensé que l'Ukraine continuerait la guerre et que le gouvernement bolchevik conclurait une paix immédiate avec les Allemands De fait, les négociations de paix avec les bolcheviks ont traîné en longueur et l'Ukraine s'est livrée aux Empires du Centre.

Et la Finlande ? Voilà un pays dont l'autonomie avait été proclamée devant le monde par le gouvernement bolchevik. Eh bien, à l'heure actuelle, il est envahi par les hordes des gardes rouges, envoyées par le même gouvernement pour prendre part aux conflits intérieurs qui y sont déchaînés !

Pour se rendre plus ou moins clairement compte de ce qui se passe en Russie et pour pouvoir répondre aux questions angoissantes ci-dessus posées, il faudrait éclairer *a giorno* la scène où se déroule le drame russe et faire ressortir, en pleine lumière, les figures des personnages qui se tiennent dans l'ombre, lesquelles, plus peut-être que celles qui opèrent près de la rampe, contribuent au développement de l'action en l'orientant vers un dénouement auquel elles préparent systématiquement le public. Peut-être, à la clarté qui jaillira de l'exposition des faits, pourra-t-on apercevoir les fils invisibles qui relient les acteurs en vedette à ceux de l'arrière-plan. Il est incontestable que le gouvernement bolchevik, qui exerce son pouvoir sur une grande partie du ci-devant Empire russe, est le gouvernement le plus extrême gauche que l'humanité ait jamais connu. Il est vrai que, plus à gauche, il y a encore les *anarchistes*. Mais ces derniers sont opposés, même en principe, à tout gouvernement.

La formule bolchevik, annoncée à travers le monde, se résume dans l'idée de la souveraineté des classes prolétariennes sur les intellectuels et la bourgeoisie. Il est bien entendu que l'installation du nouveau paradis terrestre promis aux hommes prévoit la destruction complète de l'édifice social existant.

I

Conditions qui contribuèrent à l'avènement des Bolcheviks au pouvoir.

> « Or, il y avait un grand troupeau de pourceaux qui paissaient sur une montagne ; ils les suppliaient de leur permettre d'y entrer et il le leur permit. Les démons sortirent donc de cet homme et entrèrent dans les pourceaux et aussitôt le troupeau courut avec impétuosité se précipiter dans le lac où il fut étouffé. Ceux qui les gardaient ayant vu ce qui était arrivé s'enfuirent et allèrent en porter la nouvelle dans la ville et les villages et plusieurs sortirent pour voir ce qui était arrivé ; ils vinrent vers Jésus et trouvèrent cet homme dont les démons étaient sortis, assis à ses pieds, habillé et sain d'esprit. »
>
> (Le Saint Evangile selon Saint-Luc, chap. VIII.) (1)

Les grandes souffrances et l'affreuse misère endurées par le peuple russe pendant la guerre, l'amertume profonde qu'il ressentit à la constatation de l'inutilité de tous les sacrifices et de toutes les privations qu'il s'était imposés, de son élan patriotique, de sa foi dans

---

(1) Epigraphe mise en tête du célèbre roman de Dostoïevsky, *Les Possédés.*

la victoire (1), la colère légitime qui l'anima quand il comprit que la défaite de son armée, qu'il croyait invincible, était due, non au manque de bravoure de la part des soldats, mais aux abus scandaleux de l'ancien régime, à l'incurie, à l'incompétence et à la traîtrise de ses gouvernants, tout cela prépara singulièrement le terrain pour le succès de la propagande bolcheviste.

Les grands mouvements populaires, lesquels, pareils à des torrents, brisant les digues séculaires, s'emparent, au cours de l'histoire, de l'âme des nations en la pétrissant, en la façonnant, en la rendant parfois méconnaissable, ont été l'objet de l'analyse d'écrivains érudits et sagaces. Parmi eux, le grand penseur français, le docteur Gustave Le Bon, démontre, dans son œuvre

---

(1) Il serait inexcusable d'oublier l'enthousiasme général avec lequel la guerre contre l'Allemagne fut acueillie par toute la population russe. Le grand frisson patriotique qui secoua tous les habitants de ce vaste Empire, sans distinction de races, de religions et de classes, se conservera dans la mémoire de ceux qui furent les témoins de l'ouverture des hostilités. Les manifestations d'union sacrée, les démonstrations qui affirmaient en plein jour l'orgueil d'appartenir à une grande nation, au cours des deux premières années de guerre, peuvent donner matière à réflexion à ceux qui pensent que les forces de désagrégation, qui prévalent à l'heure actuelle, sont de nature à briser à tout jamais la puissance des forces de concentration qui ont contribué, au cours de longs siècles, à former un vaste empire, en réunissant sous la même égide des populations diverses, y habitant, et en imposant à un contingent humain, pouvant s'évaluer au bas mot à cent millions, le même Verbe, le *Verbe Grand Russien*, lequel en outre est l'idiome littéraire de toutes les classes intellectuelles allogènes, à l'exception des Finlandais et en partie des Polonais. (Un grand nombre de Polonais appartenant aux lettres et à la science se sont exprimés dans leurs écrits en langue russe.)

Remarque : Le fait que quelques bons écrivains, mais toutefois d'ordre secondaire, d'origine petite-russienne (tels que Chevtchenko et Kotliarevsky) s'amusèrent à composer leurs livres en idiome ukrainien ne peut que confirmer l'assertion **précitée.** Il serait ridicule de prétendre que les écrits de Mistral ont causé un préjudice à la langue française.

classique, *La Psychologie des foules*, avec cette clarté lumineuse qui est le propre de son talent, l'intervention des forces mystiques et leur influence primordiale sur l'âme des peuples, au cours des grandes révolutions. Toutefois, étant donné que ces forces mystiques, tout en étant d'une même essence, peuvent revêtir certaine couleur locale d'après la différence des peuples et des races, sur les âmes desquels elles s'exercent, il m'a paru intéressant, afin de rendre plus compréhensible l'emprise qu'eurent les idées bolcheviks sur l'âme du peuple russe, simple, doux et croyant, de me référer au témoignage de notre grand écrivain Dostoïevsky, auquel revient de droit le titre de Grand Psychologue de l'âme slave.

Parmi les analyses minutieuses de la mentalité russe faites par Dostoïevsky, et qui sont éparpillées à travers ses romans (dont la plupart, traduits à l'étranger, sont connus du public français) je reproduis un récit très court, qui la caractérise d'une manière frappante et juste de l'avis même du maître et cela, en raison de l'authenticité du récit en question ; il aurait été narré à l'écrivain par un de ces nombreux moines vagabonds qui parcouraient jadis la grande Russie de long en large, se dirigeant vers la sainte ville de Kiev ou autre lieu de pèlerinage orthodoxe.

Voici ce que raconta le moine à Dostoïevsky : (1)

« Je vois un jour entrer chez moi un moujik se traî-
« nant sur ses genoux. Je l'avais aperçu déjà de ma
« fenêtre, pendant qu'il s'approchait de la maison, en
« rampant. La première parole qu'il m'adressa fut: « Le
« salut n'est plus sur moi ; maudit je suis. Et n'im-
« porte ce que tu pourrais me dire, je suis maudit.

« Je l'ai tranquillisé tant soit peu. J'ai vu que cet
« homme s'était traîné de loin vers moi *en quête* de
« souffrance.

----

(1) Ce récit avec les commentaires de Dostoïevsky fut inséré dans le journal *Grajdanine* (Le Citoyen) en 1873 et ensuite reproduit dans les œuvres complètes de Dostoïevsky (*Journal de l'écrivain.*)

« Nous nous sommes réunis un jour, plusieurs gars,
« dit-il, et nous avons commencé à nous disputer. Quel
« est celui qui l'emportera en insolence ? J'ai défié par
« orgueil tout le monde. Alors un autre gars me prit
« dans un coin et me dit, les yeux dans les yeux :

« — C'est absolument impossible que tu fasses
« comme tu le dis. Tu te vantes !

« Alors, j'ai commencé à lui faire des serments. —
« Non, dit-il, attends, jure-moi sur ton salut éternel
« que tu feras comme je te l'indiquerai.

« Alors j'ai juré.

« — Voici le carème, dit-il, commence à faire tes dé-
« votions. Quand tu approcheras le pope pour recevoir
« la Sainte Eucharistie, prends-la dans la bouche,
« mais ne l'avale pas (1). Puis rejoins ta place, mets-la
« dans ta main et conserve-la. Et après cela, je t'indi-
« querai ce qu'il y a à faire.

« Je fis comme il m'avait indiqué. Alors il me mena
« directement dans le verger. Il prit une branche d'ar-
« bre, l'enfonça dans la terre et me dit : — Place ce
« que tu as sur le bois. — J'ai placé l'objet sur le bois.
« A présent, dit-il, apporte un fusil. — Je l'ai ap-
« porté.

« — Charge. — J'ai chargé.

« — Vise et tire.

« J'ai levé mon fusil et j'ai visé. Et alors il ne me
« restait qu'à tirer, quand j'ai vu apparaître devant
« moi la Croix et le Crucifié sur la Croix. Alors je
« suis tombé avec le fusil, évanoui ! »

Et voici les commentaires de Dostoïevsky sur ce
récit :

« Devant nous apparaissent deux types individuels,
« qui représentent d'une manière frappante tout le

---

(1) D'après les rites de l'Eglise orthodoxe, la Sainte Eucharistie est introduite, au moyen d'une cuillère, par le prêtre,
dans la bouche du pénitent sous la forme d'un petit morceau
de pain, spécialement préparé, qui doit être avalé avec le vin
qui le baigne.

« peuple russe dans son ensemble. Premièrement : ab-
« sence de toute mesure en tout. C'est le besoin d'outre-
« passer les bornes, besoin de sensations excessives :
« arriver au bord du précipice, se pencher à demi, con-
« templer l'abîme et, dans certains cas, mais assez fré-
« quents, s'y précipiter comme un fou, la tête en avant.
« C'est le besoin, de la part d'un homme souvent posi-
« tif et de foi ardente, de tout braver, de renier les
« choses dont il a le plus grand respect dans son
« cœur, son idéal le plus pur, sa foi nationale dans sa
« réalité auguste, devant laquelle il venait de se pros-
« terner et qui lui devient subitement un joug into-
« lérable. Ce qui surprend surtout, c'est la précipita-
« tion, la hâte avec laquelle un Russe s'efforce de se
« prononcer, aux moments caratéristiques de sa vie
« ou de celle de son pays, ou dans un bon sens ou dans
« un sens odieux. Aucun frein ne le retient plus.

« Il arrive que l'homme le plus affable se transfor-
« me subitement en un individu abject et criminel ; il
« suffit qu'il soit pris dans un tourbillon d'auto-néga-
« tion et d'auto-destruction, si particulier au caractère
« du peuple russe dans certaines minutes fatales de
« sa vie. Mais en revanche, avec une force égale, avec
« la même promptitude, avec la même soif de conser-
« vation et de repentir, l'individu russe, ainsi que tout
« le peuple russe, obtient son salut et ordinairement
« au moment où il arrive à la dernière limite, c'est-à-
« dire au point terminus où l'on ne peut plus avancer.
« Ce qui est surtout caractéristique, c'est que cette mar-
« che en arrière, vers le redressement et le salut, est
« toujours *plus importante que le premier élan de né-
« gation et de destruction, qu'il regarde lui-même, en
« définitive, avec dégoût.*

« Je pense que le besoin spirituel le plus important
« chez le peuple russe, c'est le besoin de souffrance
« continue et inaltérable partout et en tout. On dirait
« qu'il est atteint de cette soif de souffrance depuis
« l'antiquité des âges. Cet appétit de souffrance se ma-
« nifeste à travers toute son histoire, non seulement
« au cours de grands malheurs et de calamités his-

« toriques, mais s'échappe même à jet continu du
« fond du cœur même du peuple. »

Au grand regret de Dostoïevsky, le moine n'a rien
pu lui raconter sur le sort de l'autre gars, le tentateur.
Le repentir l'a-t-il atteint également ? Ou plutôt,
comme le suppose le grand écrivain russe, ce tentateur
appartenait-il au nouveau type qui faisait déjà son
apparition à cette époque en Russie, type du nihiliste,
du négateur, auquel les frissons de l'âme de sa vic-
time demeuraient étrangers, qui la fouillait d'un œil
scrutateur et froid, qui se délectait même à la vue des
angoisses et des humiliations dont il la voyait se-
couée. Si Dostoïevsky eût été en vie à l'heure actuelle,
il n'aurait point manqué de trouver une certaine analogie entre le tentateur, le nihiliste d'autrefois, et le
bolchevik d'aujourd'hui.

Au fur et à mesure de l'aggravation de la situation
économique du pays et de l'accumulation des souffrances et des misères qui s'en suivirent, les idées bolche-
vistes s'infiltrèrent de plus en plus dans toutes les
classes prolétariennes de la population. N'ayant pris
pied, au début de la révolution (en février 1917), que
dans la partie turbulente des cités ouvrières, elles ga-
gnèrent peu à peu le contingent rural et réussirent
à gangrener tout l'organisme social vers les mois de
septembre-octobre. Ce n'est qu'à cette époque que les
bolcheviks surent s'imposer et constituer un gouvernement, après avoir facilement discrédité les doctrines,
trop abstraites et incompréhensibles pour le peuple,
des partis démocratiques-libéraux et après avoir
triomphé de celles des partis socialistes, comparative-
ment modérés, lesquelles, tout en répondant, sur certains côtés, aux aspirations des prolétaires (partage
des terres, impôts énormes sur les classes aisées) en
ajournaient l'application après la réunion de l'Assem-
blée Constituante. Le succès des bolcheviks se basait
sur l'appel des prolétaires à la jouissance immédiate :
licenciement des soldats, mainmise sur les capitaux,
proclamation invitant les ouvriers à prendre les usines sous leur contrôle et les paysans à déposséder les

propriétaires de suite. Pareil à un cheval auquel on aurait lâché la bride, le peuple russe s'emballa, se rua dans l'espace, en renversant les obstacles et en semant dans sa course folle la panique et la destruction.

Sous l'incitation de la démagogie bolchevik et à l'exemple du gars de Dostoïevsky, le peuple russe défia et brava tout, il profana les tombes de ses frères tombés glorieusement au champ d'honneur, il massacra de vieux généraux et de jeunes sous-officiers imberbes, il insulta les prêtres, les médecins et les sœurs de charité, il rejeta en prison les vieux lutteurs de la cause populaire — les révolutionnaires qui furent libérés aux premiers jours de la révolution —, il piétina enfin son sanctuaire national : la Foi, le Tsar, la Patrie. On a été témoin de choses inimaginables. Les marins mirent à sac le cabinet de travail de l'empereur Alexandre II, libérateur des serfs ; des soldats canonnèrent les vieilles églises de Moscou, vénérées à travers les siècles par le monde orthodoxe.

Enfin, la garde rouge insulta, viola, massacra à coups de fusil, les filles et les veuves de leurs camarades qui avaient formé des bataillons féminins pour donner l'exemple du patriotisme et pour combattre contre l'ennemi (1).

Quand le cheval emballé s'arrêtera-t-il dans sa course folle ?

Quand le peuple russe, redevenu clairvoyant, se détournera-t-il avec aversion du tentateur, devant l'apparition dans les cieux, dégagés de nuages, de la Croix et de la Patrie crucifiée sur la Croix ? Quand viendra ce jour ? *That is the question.* Mais il viendra assurément

---

(1) Il est intéressant de rappeler qu'un de ces bataillons prit une part glorieuse dans l'offensive déclenchée par Kerensky en juillet 1917, s'y comporta vaillamment, perdant une bonne part de son effectif, mais ramenant des prisonniers, et qu'après avoir été abandonné, au cours de l'attaque, par ses camarades masculins, il fut, à son retour, insulté et malmené par eux.

et peut-être dans un avenir plus prochain qu'on ne le pense.

II

Éléments du parti
et du Gouvernement Bolchevik

> Quel mélange de costumes et de noms,
> De dialectes, de classes, d'origines !
> Des cellules, des huttes, des prisons
> Ils se sont ligués pour la rapine.
>
> POUCHKINE.

Nous nous sommes efforcé de déterminer les conditions de l'ambiance qui contribuèrent à la consolidation du parti et à l'avènement au pouvoir du gouvernement bolchevik. Nous avons indiqué les vagues successives qui submergèrent les vrais amis du peuple russe. D'abord le parti démocratique, représenté par les Cadets qui, les premiers, dénoncèrent du haut de la tribune de la Douma les abus du tsarisme, ensuite les socialistes révolutionnaires, champions de l'affranchissement du peuple du joug de l'ancien régime et qui comptaient dans leur rang de vrais héros et des martyrs. Il nous reste à dévoiler la composition du gouvernement bolchevik et à tirer au clair les buts et les desseins qu'il poursuit.

Les bolcheviks, qui constituent à l'heure actuelle les Soviets, et le gouvernement qui en émane, sont représentés par trois éléments distincts :

Elément sectaire : En premier lieu, il y a les beaux parleurs, les démagogues, les meneurs, ceux qui enflamment le peuple par la parole et qui l'incitent à la jouissance et à la destruction. Nous admettons que parmi eux il y a des hommes sincères, sectaires farouches et fanatiques intransigeants.

Dans tous les cas, il y en a infiniment moins que dans les autres partis socialistes, lesquels ont perdu leur crédit justement par suite de la prépondérance, dans leur milieu, de l'élément idéologue sur celui de *l'action*. Les grands chefs du parti bolchevik, son état-major, Lénine, Trotsky, Kameneff, Zinoviev et quelques autres, sont-ils du nombre? Pour répondre à cette question il est nécessaire de s'extérioriser de la moralité courante, bourgeoise, française en particulier, si différente de celle qui est pratiquée dans les milieux de propagande de la religion maximaliste, cette dernière se réglant uniquement d'après le principe d'Ignace de Loyola « *tous les moyens sont bons pour arriver au but* ». Si l'on adopte ce point de vue, la question de savoir si Lénine, Trotsky et consorts se sont enrichis personnellement au cours de la révolution, s'ils ont placé ou non de l'argent en Allemagne, s'ils ont profité des spoliations en Russie, dont ils ont été les instigateurs, perd tout intérêt général. Elle ne donne matière qu'à une étude d'ordre psychologique individuel. En fait, il est incontestable que la plupart, parmi les meneurs importants bolcheviks, ont usé de la complaisance du gouvernement pour pénétrer en Russie au cours de la guerre et qu'ils ont largement profité de l'argent allemand pour leur propagande. Les révélations à ce sujet, qui ont été faites dernièrement dans les colonnes du journal le *Petit Parisien*, ont profondément ému l'opinion publique française. Il ne reste qu'à regretter que le trafic honteux pratiqué entre les chefs bolcheviks et les Boches ne soit arrivé à sa connaissance que si tard. La documentation fournie par le *Petit Parisien* a été, du reste, déjà en majeure partie reproduite par les quotidiens russes, lors de l'étouffement de la première émeute bolchevik en juillet dernier, à la suite de laquelle Lénine, Trotsky, Kolontay et autres furent arrêtés par le gouvernement Kerensky sous l'inculpation de connivence avec l'ennemi. Cette documentation fut même l'objet d'une publication spéciale éditée par un révolutionnaire connu, un des échappés des prisons de Sibérie, Alexinsky, ami et bras droit de Plehkanov. Tout le monde, à Pétrograde, put savoir que les marins de la flotte de la Baltique, qui prirent une grande part à cette émeute, furent trouvés porteurs de fonds considérables (de 500 à 1.000 roubles). Il a été facile d'obtenir à ce moment l'aveu, de la part des soldats et ouvriers, d'avoir reçu, rien que pour prendre part aux manifestations bolcheviks contre le gouvernement provisoire, des sommes de 15 à 25 roubles. D'où pouvait venir cet argent dont disposaient les bolcheviks pour leur campagne défaitiste, sinon des ennemis de la patrie, — des Allemands?

Elément arriviste. — Le second élément du parti bolchevik, grâce à la présence duquel ce dernier a pu effectivement s'emparer du pouvoir et l'exercer à l'heure actuelle, est l'élément arriviste. Si l'on examine l'ensemble des adhésions de la première heure qui vinrent au gouvernement bolchevik, on voit que l'arrivisme était en majorité. Cet élément se trouva constitué en premier lieu par les pêcheurs en eau trouble, les ambitieux sans scrupule, les envieux aigris, les haineux : avocats sans cause, professeurs sans chaire, ouvriers beaux parleurs et fainéants, fonctionnaires destitués, soldats et officiers embusqués, jouisseurs et indisciplinés, etc... C'est la classe des incapables, des paresseux, des demi-lettrés, qui voient dans tout cataclysme social une chance unique de se mettre en avant, de profiter de gains et de situations inespérés. Cette bande se trouva naturellement renforcée par l'appoint obligé des aventuriers, des aigrefins de toute espèce, des criminels, des repris de justice, libérés des prisons, que l'on avait dépeuplées dès les premiers jours de la révolution.

L'élément arriviste se composait ensuite d'un nombre considérable de timorés, de fonctionnaires et d'employés de l'ancien régime, dont l'obéissance passive représentait une seconde nature, qui tremblaient pour leurs émoluments, leur seul moyen d'existence, qui, automatiquement, s'inclinaient d'instinct devant le plus fort, devant celui qui a un bâton dans la main. Nous engloberons enfin dans le même ramassis de lâchetés, de convoitises et de rancunes coalisées, la nuée des juifs qui s'abattirent sur la Russie, affluant dans les villes et les campagnes russes, dont ils étaient bannis par les lois iniques de l'ancien régime, en résidence forcée dans la Pologne et certains gouvernements limitrophes à celle-ci. Ardents de nature, remuants et actifs de tempérament, exaspérés par les humiliations et les injustices, dont ils avaient été victimes à travers les siècles, ils se ruèrent d'une manière impétueuse dans la fournaise de la révolution, où ils jouèrent un rôle prépondérant et *ostensible*. La majórité, dans les Soviets et le gouvernement même des bolcheviks, appartient à des juifs (1). Ils en forment incontestablement l'élément le plus actif. Ce caractère ostentatoire du rôle joué par les juifs au cours de la révolution russe fait l'objet de grandes et justes appréhensions de la part de la bourgeoisie et du clergé israélites. Ces derniers se rendent bien compte qu'un jour viendra où ils pâtiront les premiers du retour inéluctable des événements ; mais, de leur propre aveu, ils se trouvent dans la même situation que la bourgeoisie et le clergé orthodoxe à l'égard du prolétariat russe, pour exercer une influence quelconque et pour refréner le geste excessif de leur propre prolétariat. C'est la conscience de cette exagération et du danger qui en résulte qui peut expliquer pourquoi les gouvernants juifs actuels, les meneurs en vue et les membres juifs des Soviets, continuent à garder les pseudonymes qui cachent leurs vrais noms, constituant de cette manière un précédent unique dans l'histoire des peuples, celui d'un gouvernement anonyme prétendant entretenir des relations internationales, et d'un parti anonyme prétendant diriger l'opinion publique.

Nous avons tenté d'esquisser, d'après notre jugement, les deux éléments du parti bolchevik, dans lesquels se reflètent les passions, les convoitises, les bassesses et les fautes qui en constituent la mentalité. Nous allons procéder à l'analyse du troisième élément qui représente ses directives.

Elément policier. — C'est ce dernier élément — policier et provocateur — qui se trouve incontestablement être le cerveau du gouvernement bolchevik en guidant et en orientant, conformément à ses desseins, la politique de celui-ci. Pareil à l'ancien conseil des doges, il garde l'anonymat et se tient dans l'ombre en laissant à

---

(1) Il en est de même des commissariats de Milice, qui ont remplacé ceux de l'ancienne police impériale.

Lénine, Trotsky et autres démagogues le développement oratoire et la mise en action du programme élaboré d'accord avec le gouvernement allemand. Ayant acquis, au cours de ses longues années au service du tsarisme l'habitude de manier l'arme terrible qu'est la provocation policière, il s'en sert à l'heure actuelle avec une adresse magistrale en faisant marcher dans la voie tracée les bergers socialistes et leur troupeau, tout en déblayant le terrain de tout obstacle à la restauration de l'ancien régime et à son renforcement sous la tutelle des Boches.

Certes, de toutes les institutions de l'ancien régime, la plus puissante, la plus parfaite, la mieux coordonnée, a été celle du département de la police — l'*Okrana*, — le Bureau de Haute Surveillance Politique.

Son influence se faisait sentir dans tous les coins et recoins de la vie politique et sociale de l'empire. Son œil inquisiteur s'exerçait sur tous les rouages administratifs, depuis les ministres et les gouverneurs de province jusqu'aux plus humbles fonctionnaires subalternes. Tous avaient conscience de sa force et les arrivistes se rendaient bien compte que leur avancement ou leur disgrâce venaient de l'appréciation de leur personnalité politique par ce département de la police, d'après des fiches qu'il faisait remettre par le ministre de l'intérieur, son chef, et par d'autres voies, si ce chef ne lui inspirait pas entière confiance, au tsar et aux personnes de son entourage direct. Le tsar lui-même était un prisonnier du département de la police, qui le tenait par la peur et l'intimidation, en agitant devant lui des fantômes de complots, en inventant des attentats et en rendant suspects à ses yeux tous les adeptes et les partisans des réformes libérales et par conséquent, en premier lieu, la Douma. Celle-ci en devenait forcément l'instigatrice, poussée dans cette voie par les partis démocratiques qui en constituaient l'esprit, la foi et l'éloquence.

Pour atteindre le haut but qu'il faisait valoir — la sauvegarde de la personne sacrée de l'empereur et le maintien dans toute son intégrité du principe monarchique —le département de la police réclamait la

mise à sa disposition de fonds secrets énormes qu'il
dépensait d'après ses convenances et sans contrôle. Ces
fonds ne suffisant point aux appétits sans limite de
l'administration policière et de tous ses affiliés innom-
brables, celle-ci recourait aux extorsions directes, par
l'application de méthodes savamment conçues et qu'elle
revêtait, selon les besoins de la cause et du moment,
du prétexte souverain d'un intérêt gouvernemental,
religieux et social, à sauvegarder. Ces méthodes se
résumaient, en somme, dans un travail 'de russifica-
tion des éléments allogènes, dans la persécution des
juifs et l'ostracisme sus-mentionné dans lequel elle
tenait les classes libérales et tout effort intellectuel
individuel tendant à l'évolution du pays dans la voie
du progrès moderne. Par l'application de cette politique, la police tenait dans les mailles de ses filets, vir-
tuellement, toute la population de l'empire, et, par des
tolérances largement accordées, par des dérogations
aux règlements, faisait grassement vivre et attachait
à sa cause tout un contingent puissant de fonctionnaires de tout grade et de toute importance, d'agents
de tout genre, en commençant par les popes et en
finissant par les gendarmes, les délateurs et les flics
vulgaires.

Quand les abus du département de la police deve-
naient intolérables et attiraient l'attention de la Douma, de l'opinion publique et de certains ministres
patriotes, éclairés et indépendants; l'Okhrana recourait
à des moyens extrêmes ne reculant point devant l'organisation de vrais complots et d'attentats authenti-
ques, éliminant à la rigueur, définitivement, des per-
sonnalités gênantes, comme Stolypine, fomentant des
pogroms antijuifs et provoquant des grèves et des trou-
bles dans la classe ouvrière. L'infiltration de l'élément
policier dans les milieux ouvriers date de très longtemps.

Il fut singulièrement renforcé depuis la première
révolution qui a succédé à la guerre russo-japonaise.
Qui ne se rappelle le nom du célèbre Azef, lequel, tout
en ayant été convaincu d'avoir pris part à de nombreux

attentats en Russie, fut dénoncé comme agent provocateur à la solde du gouvernement russe par le non moins célèbre émigré Bourtzeff (1), résidant en ce temps-là à Paris et qui, à l'heure actuelle, doit faire des réflexions amères sur les jeux de la destinée, dans un cachot de la forteresse Pierre et Paul, où il est enfermé par la volonté du gouvernement bolchevik, en compagnie d'autres dénonciateurs gênants pour les maîtres de l'heure !

Peut-on oublier le fait que le chef de l'Etat français, M. Poincaré, à son arrivée à Pétrograd, quelques jours avant la déclaration de guerre, fut accueilli par une grève d'ouvriers et des manifestations hostiles à l'égard de la France ?

Autre fait significatif : le tout premier geste par lequel se manifesta la révolution actuelle fut la démolition et l'incendie, par des bandes organisées, des prisons de Pétrograde et la mise à sac du département de la police contenant des documents secrets relatifs à la politique intérieure russe, d'une valeur historique inestimable, mais également, des fiches concernant les agents provocateurs employés au service de ce département. Un autodafé grandiose, allumé dans la cour du bâtiment occupé par ce dernier, a fait disparaître à tout jamais des pièces compromettantes pour bon nombre de révolutionnaires, qui ont assumé des rôles importants dans le mouvement actuel. Mais, grâce au fait qu'une partie de ces pièces put échapper à cette destruction, parce qu'elle était répartie parmi les nombreuses filiales du département en province, le public a pu, incomplètement, il est vrai, en prendre connaissance par la voie de la presse. En effet, au cours des premiers mois de la révolution, de longues listes d'agents provocateurs ne cessèrent de paraître dans les organes russes bourgeois et socialistes.

Toutefois, ceux du parti bolchevik, la *Pravda* et la

---

(1) Les révélations de Bourtzeff furent insérées et reproduites par de nombreux organes français et par la presse mondiale.

Novaya Jisu ne les reproduisirent jamais, et pour cause — les agents provocateurs dénoncés appartenant presque exclusivement à ce parti. Ces tristes personnages se recrutaient dans des milieux sociaux très variés. Il y avait parmi eux des instituteurs, des étudiants, des employés, des ingénieurs, un nombre très considérable de contremaîtres et d'ouvriers et même, dans le nombre, figurait un député de la Douma, Malinovsky, siégeant à l'extrême gauche, ami de Lénine, dont ce dernier s'est porté garant devant son parti, quand les agissements du camarade éveillèrent des soupçons de la part de certains socialistes.

La prédilection dont ont fait preuve les bolcheviks pour les agents provocateurs ne se manifeste-t-elle point à cette heure *en plein jour* par le fait de la collaboration, acceptée par eux, d'individus comme le général Kourloff, ancien chef adjoint du ministre de l'intérieur, qui fut impliqué dans l'affaire de l'assassinat de Stolypine, son chef,de Gerasimoff et Kommisaroff,chefs du bureau de la haute surveillance politique, du général Bonch-Brouevitch et de tant d'autres fidèles serviteurs de l'ancien régime?

La mentalité du département de la police, et des admirateurs, intéressés ou désintéressés, du système de gouvernement satrapique qu'ils supposaient être le seul devant s'exercer pour le bien de la Russie, était évidemment réfractaire à toutes les idées libérales des démocraties occidentales. Ils professaient une aversion et un mépris farouche pour celles-ci et une admiration sans borne pour les méthodes de gouvernement des Empires du Centre, qu'ils considéraient, à juste raison, comme gardiens du principe monarchique absolu. Il est hors de doute que des relations suivies existaient entre les agents du département de la police russe et ceux du gouvernement allemand, non seulement avant la guerre, mais au cours même de celle-ci. Le fameux colonel Miasoedoff, lequel, parmi un grand nombre de faits incriminés, fut accusé d'avoir dévoilé aux Allemands les plans de défense de la forteresse de Kovno, ce qui a eu pour conséquence la réddition de cette place forte en quelques jours, aurait déclaré, après avoir entendu la sentence le condamnant à la peine capitale, « qu'il mourait avec une conscience tranquille, car ses actes, tout répréhensibles qu'ils paraissaient être, étaient dictés par un amour et une fidélité sans borne à l'égard du monarque, étant appuyés sur la conviction que le salut de celui-ci et de l'empire dépendait d'une paix immédiate avec l'Allemagne et d'une alliance contre les démocraties occidentales qui s'ensuivrait, pareille alliance étant le seul facteur pouvant sauvegarder la Russie de la révolution et du changement de régime ».

La mentalité de ce traître-patriote *sui generis*, lequel, en acceptant de l'argent allemand, se targuait de servir son empereur, était celle d'un certain nombre de personnages entourant le malheureux monarque. Elle était au fond celle des Protopopoff et des Sturmer. N'est-elle pas, par analogie, celle de quelques-uns parmi les chefs du parti bolchevik (Lénine, par exemple) lesquels, acceptant l'argent allemand comme moyen de provoquer l'écroulement de l'édifice social russe existant, convoitent de pouvoir, une fois ce résultat obtenu, semer le mécontentement populaire et l'anarchie dans les pays de démocratie occidentale et en Allemagne même ? A vivre si longtemps en contact avec des provocateurs-policiers avérés, dont le parti fut toujours contaminé, les chefs bolcheviks peuvent être tentés d'user de l'arme de provocation dont ils ont été parfois les victimes pour leur propre compte.

***
** **

Nous avons indiqué la composition très panachée du parti et du gouvernement bolcheviks. A côté des exaltés, dont la présidence du Soviet de Pétrograde (Maria Spiridonova) représente une figure typique, à côté de personnages ambigus et mystérieux, dont le rôle ne sera dévoilé entièrement que par l'histoire — tels que Braunstein (Trotsky) Rosenfeld (Kameneff) Appfelbaum (Zinoviev), etc. — se placent les arrivistes de tout genre et de tout acabit, ainsi que les acolytes de l'ancien régime (1).

Malgré toute la distance qui paraît devoir séparer les exaltés socialistes des policiers de l'ancien régime, ces deux éléments se trouvent réunis par les mêmes sentiments de haine, que leur inspirent les partis libéraux-démocratiques (les Cadets) — porte-drapeau des idées de droit, de justice et de liberté individuelle, pour lesquelles tous les deux ont une aversion profonde. Un autre point de vue, celui du bienfait d'un régime collectiviste-étatiste, lequel n'exclut en rien, mais favorise même une réaction monarchique, rallie les deux éléments opposés.

La nouvelle religion du maximalisme, pareille à d'autres religions, a ses dogmes infaillibles, ses prêtres, ses dévôts. Prétendant, come toute foi révélée, gouverner les âmes, fouiller les consciences et exercer une surveillance étroite sur la vie politique et même privée de ses adeptes, elle les courbe sous sa volonté par le moyen d'une discipline rigoureuse et par un système renouvelé de l'Inquisition.

Les policiers tsaristes n'espèrent-ils pas conserver, sous un nouveau régime monarchique-collectiviste (d'un genre allemand), leur rôle d'inquisiteurs, dans lequel ils ont si bien réussi sous l'ancien ? (2)

---

(1) En outre, la présence dans le Soviet de Pétrograd (et peut-être dans bien d'autres) d'officiers allemands n'est point un secret à l'heure actuelle.

(2) Parmi tous les pays du monde, c'est assurément en Russie, après l'Allemagne, que les idées étatistes avaient le plus grand crédit. L'accaparement par l'Etat de réseaux puissants de chemins de fer privés, les banques agraires d'Etat pour le rachat des terres des propriétaires fonciers, les lois ouvrières très avancées (l'assurance obligatoire, la création de caisses d'épargne, d'écoles, d'hôpitaux et églises qui furent imposées à l'industrie) en fournissent l'exemple. Le fonctionnaire y régnait en maître. Le gouvernement russe a toujours été indifférent à l'effort individuel commercial, industriel et scientifique.

III

Influence de l'Allemagne sur le cours de la révolution russe

Et ne restera pas sans vengeance
Une seule offense même oubliée.

APOUHTINE.

Au cours de la guerre actuelle, l'Allemagne, à maintes reprises, fit des tentatives pour détacher une des puissances belligérantes de la cause des Alliés. Pareilles tentatives furent faites à l'égard de la France, de l'Angleterre et de la Russie. En ce qui concerne la Russie, la dernière tentative qui fut faite vis-à-vis du gouvernement impérial date de fin 1916 ! Les cercles de la cour, de l'extrême droite (Sturmer, Tcheglovitoff) et du haut clergé (le métropolite Pitireine) prêtèrent une oreille bienveillante aux avances des gouvernements du Centre. Le ministre Protopopoff, qui fut appelé au pouvoir et qui sut gagner la confiance du tsar, entra en pourparlers directs avec les agents de l'Allemagne.

On se rappelle l'émotion profonde que produisit la nouvelle des entretiens qu'eut Protopopoff au cours de son passage à Stockholm avec von Lutzius. Elle se traduisit par l'expulsion du ministre hors de son parti et par le défi qu'il jeta à la Douma.

Pour vaincre la répugnance qu'éprouvait Nicolas II à violer les engagements contractés avec ses alliés, son orgueil de monarque absolu et ses aversions pour la personnalité de Guillaume II, le parti allemand n'hésita pas à spéculer sur ses sentiments d'époux et de père, en faisant intervenir les influences que le fameux Raspoutine exerçait sur l'âme désemparée de l'impératrice, névrosée et mystique. Ce dernier réussit à faire petit à petit le vide autour de l'empereur, en éloignant de son entourage des gens dévoués et honnêtes comme le prince Orloff, des gens de bon conseil comme les ministres Kokovtzev, Sasonoff, Krivocheine, enfin des

membres même de la famille impériale, des grands-
ducs, parmi lesquels plus eurs s'efforcèrent, mais en
vain, d'ouvrir les yeux du monarque sur les dangers qui
menaçaient son trône et sa personne.

Bientôt ne restèrent comme conseillers intimes de
l'empereur que Protopopoff, parvenu intéressé, l'équi-
voque Voieykov, Nilon, l'alcoolique, et le comte Fre-
deriks, un gâteux. Pendant ce temps-là, le vieux ba-
teau de l'ancien régime, secoué par une mer qui devenait de plus en plus houleuse, allait sans boussole,
ni capitaine, à la dérive. La catastrophe inévitable,
vers laquelle couraient la Patrie et aussi la Monarchie par la faute du tsar, apparut évidente aux yeux
de tout le monde. Des paroles enflammées, des appels
indignés, directs, au monarque furent lancés du haut
des tribunes des deux Chambres de la Douma et du
Conseil de l'Empire, par les orateurs des partis démocratiques constitutionnels, ainsi que par les représen-
tants de l'aristocratie russe, hier encore soutiens de
la monarchie absolue. Rien n'y fit.

Au cours du mois de janvier 1917, on parlait ouvertement dans les cercles, les restaurants, les rues de Pétrograde, d'une révolution de cour imminente, tramée
par des officiers de la garde impériale. L'assassinat de
Raspoutine, qui devait en être le prologue, contribua
à précipiter le cours des événements. Pendant les premiers mois de la révolution, un récit, illustrant le rôle
de Protopopoff dans cette période, circula dans les
milieux de la capitale.

Il y était raconté que, lors de l'envahissement du
Palais Marie, siège du gouvernement, par la foule, on
avait trouvé, sur la table du dernier président du Conseil des ministres de l'Empire, le prince Galitzine, un
memorandum de Protopopoff exposant le plan d'action conçu par lui pour faire triompher la politique
qu'il avait adoptée.

En faisant valoir la désorganisation imminente et
générale de la vie économique du pays et l'influence
néfaste que ce fait ne manquerait pas d'exercer sur
la bonne conduite de la guerre, Protopopoff insis-

tait sur la nécessité, pour la conservation intégrale de
la Russie et de son régime monarchique, de la con-
clusion immédiate d'une paix honorable, séparée, avec
les empires du centre. Indiquant que le peuple et l'armée russes, exténuées par les souffrances, acquiesce-
raient à la signature d'une pareille paix, Protopopoff
mettait en relief l'opposition intransigeante que ren-
contrerait la combinaison de la part de la Douma,
d'une partie du Conseil de l'Empire ainsi que des milieux bourgeois du pays. Il estimait, toutefois, que
la dissolution brutale des deux Chambres pourrait
favoriser, dans les conditions actuelles, une fermenta-
tion dangereuse dans les esprits. Pour parer à cette
éventualité, il était nécessaire de dresser devant les
yeux des partis démocratiques et de la bourgeoisie
libérale, le spectre d'une révolution sociale. Ayant
entière connaissance, par l'intermédiaire d'agents policiers nombreux, des courants souterrains révolutionnaires et de l'organisation des partis, il n'y avait qu'à
provoquer la réunion de ces organisations au sein de
Petrograde même. Puis, cela fait, tenter le grand coup,
en arrêtant les organisations et en dissolvant les
Chambres, discréditées aux yeux de ceux mêmes qui en
étaient le soutien. De cette manière, aucun obstacle ne
s'opposait plus au triomphe de sa politique.

Plusieurs personnes très compétentes, et mêlées aux
épisodes des premiers mois de la révolution, nient caté-
goriquement l'authenticité de ce récit. Nous partageons
leur avis.

Nous estimons toutefois, et c'est la raison pour laquelle nous nous sommes permis de le reproduire, que,
plus qu'à aucune autre légende, la définition « *si non è
vero, ben trovato* » pourrait lui être appliquée.

Quoi qu'il en soit, la révolution de cour, compro-
mise par les hésitations et la veulerie des conspirateurs,
n'ayant point abouti, l'étincelle classique ne tarda pas
à produire l'explosion des matières inflammables
amassées et laissées sans aucune surveillance.

La révolution russe éclata le 27 février 1917, à la
suite de la mutinerie d'une compagnie d'un régiment de

la garnison de Petrograde. Bien que, dès son début, le mouvement eût pris une direction inquiétante pour les intérêts des classes bourgeoises et des partis libéraux les représentant, ces derniers en furent les maîtres pendant un certain laps de temps. La Douma, malgré son effacement volontaire, pusillanime et maladroit, gardait quelque prestige. Le premier ministère fut entièrement un ministère bourgeois, à l'exception du socialiste Kerensky. Quoique ce dernier se déclarât spontanément partisan de la politique intérieure utopique de ménagement des intérêts de la chèvre et du chou, il se rallia à ses collègues bourgeois en ce qui concernait leur politique extérieure, qui se traduisit par la proclamation d'une fidélité inébranlable à l'alliance avec les grandes démocraties occidentales et par la continuation de la guerre contre les Empires du Centre.

Les perspectives de canalisation de la révolution dans la voie préconisée par les partis libéraux, de l'avènement d'un régime rénové, constitutionnel ou républicain démocratique, de la prépondérance et même de l'influence exclusive des Alliés sur les affaires de la Russie, qui s'en suivraient, se dressèrent devant les yeux des Allemands, comme une menace si terrible, qu'ils n'hésitèrent pas un seul instant à user d'une manœuvre très dangereuse pour eux-mêmes, mais se présentant comme la seule efficace.

Orienter la révolution bourgeoise russe dans la voie d'une révolution sociale, faire éclater l'anarchie qui, forcément, s'en suivrait, quel rêve pratique! Ils se rendirent bien compte que, par l'emploi de cette arme, bien plus qu'à l'aide de canons et de mitrailleuses, ils arriveraient vite à vaincre la résistance de la Russie, à la jeter haletante à leurs pieds. Le programme d'action fut tôt conçu et mis en exécution. Dès le mois de mars, un train blindé quitta silencieusement la gare de Zurich à destination de Petrograde, rempli de voyageurs de marque, sélectionnés parmi les grands apôtres et orateurs du parti bolchevik et parmi les agents provocateurs les plus réputés et les plus dévoués.

Avec un petit effort d'imagination, on peut bien se

représenter le discours que dut prononcer le haut fonctionnaire prussien qui assista au départ, et le contenu des instructions qu'il fit entendre aux initiés :

« Le gouvernement impérial allemand vous charge
« d'une mission importante et délicate en Russie.

« Il est superflu d'insister auprès de vous sur le ca-
« ractère ultra-confidentiel de cette mission. En qua-
« lité d'agents expérimentés et intelligents, vous com-
« prendrez l'importance qu'il y a à ne pas laisser di-
« vulguer l'existence de connivences entre nous.

« Pour les besoins de la cause, nous vous autorisons
« à porter une critique sévère sur notre régime monar-
« chique et sur notre militarisme, qui en est le soutien.
« Vous pourrez, si vous le jugez nécessaire, vous expri-
« mer en termes irrévérencieux, même sur la personne
« sacrée de notre empereur.

« Le programme que vous avez à réaliser se résume
« en un mot : *Détruire*.

« Vous allez, par conséquent, démoraliser l'armée,
« anéantir l'industrie et provoquer une guerre civile.
« Par ce dernier moyen, vous sèmerez la panique dans
« les milieux de la classe bourgeoise, qui se terrera et
« tremblera de peur, mais qui vous accueillera avec
« des transports de joie quand vous viendrez la libérer.
« Vous vous attacherez spécialement à exterminer les
« classes intellectuelles et libérales de la Russie, que
« nous n'espérons pas pouvoir utiliser à notre profit,
« tellement elles sont contaminées par les idées néfas-
« tes et ridicules de Droit et de Justice, professées par
« nos ennemis de l'Occident.

« Pour vous faciliter votre tâche, nous avons donné
« l'ordre à nos imprimeries nationales de Berlin et de
« Leipzig de procéder à l'impression d'une quantité
« considérable de billets de banque russes, que vous
« distribuerez particulièrement parmi les soldats de la
« garnison de Petrograde et les marins de la flotte de
« la Baltique. Cela nous coûtera peu et cela leur fera
« beaucoup de plaisir.

« Par ailleurs, nous avons donné des instructions à
« nos généraux, leur enjoignant de faire une sélection

« parmi les soldats dévoués, intelligents et parlant
« russe, pour fraterniser avec les troupes russes. En
« échange, contre notre camelote, notre eau-de-vie et
« notre littérature incendiaire, que nous répandrons par-
« mi eux, nous obtiendrons des renseignements pré-
« cieux sur la disposition des armées adverses, de leurs
« batteries, etc..., ce qui nous permettra facilement,
« sans perte de temps et sans attendre l'accomplisse-
« ment du programme sus-indiqué, de mettre la main
« sur quelques places d'importance stratégique pour
« nous, et en premier lieu sur la ville de Riga, dont la
« conquête a été promise à notre empereur en 1915.

« Vous n'oublierez pas, par tous les moyens, de jeter
« la défiance et de créer une animosité dans les mi-
« lieux militaires russes contre les Français et les An-
« glais. Vous ferez valoir le peu d'intérêt qu'ont les
« Russes à se battre pour l'Alsace-Lorraine et l'Egypte
« et vous ne vous lasserez pas de répéter la phrase spi-
« rituelle que nous avons mise en circulation, parmi
« eux, dès le début de la guerre : *Les Alliés combat-*
« *tront contre l'Allemagne jusqu'à la dernière goutte*
« *de sang russe.*

« Vous ne manquerez point d'emporter avec vous des
« drapeaux et placards rouges avec ces inscriptions :
« *Paix sans annexions ni contributions, libre dispo-*
« *sition des peuples,etc...*vous les distribuerez parmi nos
« amis les bolcheviks.A ce qu'il paraît, ces inscriptions
« produisent une grande impression sur les foules sans
« qu'elles en saisissent bien le sens. D'ailleurs, comme
« vous le comprenez bien, elles n'en ont aucun pour
« nous autres. Mais tous les peuples, et non seulement
« le peuple barbare russe, se laissent facilement gou-
« verner par les illusions. Quand nous n'aurons plus
« besoin de les entretenir, c'est-à-dire quand l'armée
« russe cessera d'exister, vous pourrez remettre les fa-
« nions et placards en question à vos amis de France
« et d'Angleterre qui sont aussi les nôtres. Tout usés
« qu'ils seront, ils serviront quand même à notre cause.

« Quand vous aurez accompli votre tâche et réalisé
« le programme qui vous est tracé, vous pourrez comp-

« ter sur la bienveillance de Sa Majesté l'empereur et
« du gouvernement allemand.

« Vous transmettrez notre salut, avec les prescrip-
« tions que vous avez reçues, à nos amis bolcheviks, qui
« vous attendent déjà en Russie, et à ceux qui y arri-
« veront par d'autres frontières.

« Allez, mes enfants, que le vieux dieu des Alle-
« mands vous garde et vous protège! »

A l'heure actuelle, le programme de destruction tracé
par les Allemands se trouve réalisé. L'armée russe
n'existe plus. Les soldats ont quitté précipitamment le
front en laissant derrière eux les munitions et les canons, qui deviennent ainsi la proie de l'ennemi.

La vie industrielle est arrêtée.

Les ouvriers désertent les usines.

La partie jeune et turbulente de la classe ouvrière s'en-
rôle dans la garde rouge largement rémunérée. Les nou-
veaux janissaires prolétaires continuent, en prenant part
aux pillages des caves et des banques, à pourchasser les
bourgeois, à exterminer les cadets, à semer la terreur au
cœur de la Russie et dans les régions allogènes, décla-
rées autonomes par le gouvernement bolchevik. En pro-
longeant la guerre civile en Finlande, en Pologne, en
Ukraine et en Roumanie, ce dernier a continué à servir
les intérêts de l'Allemagne en y facilitant l'intervention de cette dernière, appelée à grands cris par la population terrorisée.

Il est vrai que le gouvernement bolchevik a pris un
instant, vis-à-vis de cette même Allemagne, des airs
d'indépendance en se dérobant à la signature de la
paix, en déclarant un jour la cessation des hostilités et
en faisant ensuite appel à la garde rouge pour organi-
ser un semblant de résistance à l'ennemi.

Mais cette politique, ayant pour but de jeter la poudre
aux yeux des classes prolétaires russes, et de dérouter
l'opinion publique des pays alliés, laisse apparaître les
grandes difficultés dans lesquelles se débattent les dirigeants révolutionnaires et le caractère désespéré des
efforts qu'ils tentent pour retenir le pouvoir.

Evidemment, la position des chefs bolcheviks, entre

le marteau menaçant de la colère du peuple, qui est prêt à comprendre le traquenard dans lequel on l'a engagé, et l'enclume implacable de l'armée allemande, est angoissante et pleine de périls. Si petit que soit le nombre et si grand que soit l'aveuglement des exaltés sincères du parti extrémiste, ses chefs se rendent bien compte de la nécessité impérieuse pour eux de fournir la justification de leurs gestes et actes. Ils savent que les exaltés et les fanatiques ne badinent pas et que leurs têtes sont en jeu. Et puis, il y a leur orgueil illimité qui les fait s'accrocher désespérément au pouvoir.

Prenons l'intelligent et ardent Trotsky, cet hôte des prisons de l'univers, banni de Russie, pourchassé dans les pays alliés, qui traite d'égal à égal avec les souverains des Empires du Centre, qui défie la France, qui menace l'Angleterre, qui insulte les Etats-Unis. Humble juif hier, aujourd'hui potentat du plus vaste pays chrétien de l'univers, voyant son nom inscrit dans l'histoire du monde, éclipsant la gloire du grand roi Salomon, Trotsky, oublieux que c'est à l'argent allemand qu'il doit son trône, se pavane, menace, fait appel à sa garde prétorienne. Mais il sent bien, au fond de son cœur, que les ouvriers, la garnison de Petrograde et les marins de la Baltique s'opposeront, encore moins que les soldats qui avaient à défendre Riga, à l'entrée triomphale, au cours des mois prochains, des cuirassés allemands dans la rade de Cronstadt et de l'armée ennemie à Petrograde. Dans tous les cas, le règne des bolcheviks touche à son terme. Les sauveurs de la Russie viendront d'un autre milieu. Déjà Lénine, paraissant vouloir jeter son froc sectaire aux orties, a proclamé l'amnistie politique générale et fait ouvertement appel aux éléments monarchiques et même aux cosaques.

Pendant ce temps-là, la maladie horrible qui a terrassé la grande Russie suit son cours. Au paroxysme bolchevik vont succéder les convulsions finales de l'anarchie. Puis viendra la période de prostration et, après, la convalescence. C'est seulement au cours de cette convalescence — qui ne sera pas, en raison de la robustesse inouïe de l'organisme, si longue, qu'on le pense

— que la conscience reviendra au peuple russe (1). Il constatera avec effroi l'œuvre destructrice du Tentateur : les usines dévastées et les ouvriers sans pain, les chemins de fer arrêtés, les champs abandonnés, le commerce stagnant, les écoles vides, les églises profanées, les morts pour la patrie non vengés.

Il se sentira seul, faible et désemparé comme un troupeau sans berger.

Le repentir d'avoir brisé ses dieux et d'avoir détruit ses autels descendra dans son âme comme dans l'âme du gars de Dostoïevsky. Le désir de vivre, de reprendre sa place au soleil, s'emparera avec violence du géant russe, lequel, pareil à ses ancêtres du

---

(1) La vigueur dont le peuple russe a donné la preuve à travers les calamités qui se sont abattues sur lui au cours de son histoire peut être démontrée par les quelques faits suivants tirés de celle-ci. Au XVIIe siècle, après l'invasion complète de la Moscovie par l'armée polonaise, les cloches des églises orthodoxes de Moscou sonnèrent en l'honneur de Dimitry l'Apostat, catholique romain, placé sur le trône de Jean le Terrible par la noblesse et le clergé polonais.

Quelques années après, les grands patriotes russes Minnine et Pojarsky, tirant le peuple russe de sa torpeur, chassèrent Dimitry et les Polonais de Moscou et proclamèrent Tsar de toutes les Russies, Michel, fondateur de la dynastie des Romanoff. Au XVIIIe siècle, le fameux Pougatcheff — un Lénine des temps passés — régna en maître sur les vastes régions de la Russie orientale. Il fit la guerre aux bourgeois et aux propriétaires fonciers, s'empara de plusieurs villes, sema l'anarchie, qui ne fut réprimée qu'avec de grands efforts par la grande Catherine. A la suite de la guerre de 1854, qui se termina par la prise de Sébastopol, la Russie passa par une crise terrible. L'empereur Nicolas Ier se suicida de désespoir. Les finances étaient dans un état épouvantable. On était alors à la veille d'une banqueroute, et, vers 1870, le rouble valait quatre francs. Enfin, tout dernièrement, on a pu constater la réserve des forces vitales du peuple russe qui réagirent si vite après la guerre malheureuse avec le Japon et après la révolution et l'anarchie qui s'ensuivirent, au cours desquelles, également, un très grand nombre d'usines furent détruites, des fermes et des châteaux incendiés, de nombreux ingénieurs et propriétaires fonciers massacrés.

IXe siècle, jettera au monde civilisé l'appel tragique et sincère : « *Notre terre est grande et abondante, mais « nous n'arrivons pas à y mettre de l'ordre. Venez, « régnez sur nous.* »

Qui donnera un prince à la Russie ? Est-ce l'Alle magne étatiste et militariste ? Sont-ce le Droit, la Justice, la Liberté individuelle des pays de l'Occident ? La réponse à cette question angoissante *pour tout l'univers* sera tranchée sur les champs de bataille. Après la victoire, la solution viendra de l'action judicieuse, énergique et persévérante, qui sera entreprise par les pays alliés.

Nous avons l'intention d'indiquer les moyens de cette action, tels qu'ils nous apparaissent, dans une prochaine étude.

Février 1918.

Paris. — Imprimerie G. CADET, 7, rue Cadet.

www.ingramcontent.com/pod-product-compliance
Lightning Source LLC
LaVergne TN
LVHW021656170726
843501LV00007B/2607